AF264222

MOREL DE TANGRY

FLANDRE, ARTOIS, BELGIQUE.

VICOMTES DE CHELERS ; SEIGNEURS DE RUMILLY, DE TANGRY, DE COUSTICHES,
DE CAYEU, D'AINVILLE, D'ESCALUS, DE RIXENSART, DU PERROY, DE BLOUIS, DE FREVILLERS,
D'HAUTERIVE, DE MOORSLEDE, DU PINS, DU RULOIR, DU HAUTPONT,
DE BERLES, DE SAINT-PIERRE-MESNIL, DE TOURCELETTE, DE BOUCLE-SAINT-DENIS, ETC.

ARMES : *d'argent, à la fasce vivrée de sable.* L'ÉCU *timbré d'un heaume d'argent de face grillé et liseré d'or, orné de ses lambrequins, sommé d'une couronne de vicomte.* CIMIER : *un col de cygne.* SUPPORTS : *deux levrettes d'argent colletées de gueules* (voy. *Riestap*).

E toutes les maisons nobles du nom de **MOREL** qui ont marqué dans les annales de la France et dans celles de la Belgique, la plus ancienne et la plus illustre, tant par les belles alliances qu'elle a contractées, que par les hautes fonctions qu'elle a occupées, est, sans contredit, celle des **MOREL DE TANGRY**, qui s'est répandue successivement de la Flandre, son berceau, dans l'Artois et la Belgique.

Elle a fourni, entre autres illustrations de marque :

Un sénéchal du Ponthieu ; un bailli de Thérouanne ; un capitaine d'hommes d'armes ; un lieutenant des gens d'armes de Philippe le Bon ; plusieurs abbés et chanoines d'Arras et de Cambrai ; un grand fauconnier de Charles le Hardy ; un procureur général au conseil d'Artois ; un guidon des gendarmes du roi François Iᵉʳ ; un gouverneur de Heilbronn, en Bohême ; des abbesses, prieures et religieuses à Arras et à Avesnes ; un évêque d'Arras ; un capitaine-mayeur forestier gouverneur d'Avesnes ; un lieutenant au bailliage d'Amiens ; des chevaliers de Saint-Jean de Jérusalem, un grand prieur de l'ordre, et un commandeur de Saint-Sulpice ; un président au conseil d'Artois ; un recteur magnifique de l'université de Louvain ; un lieutenant du roi Philippe II ; un capitaine au régiment de Croy ; un avocat du roi au conseil de Flandres ; un grand bailli de Courtrai ; un premier conseiller du conseil provincial de Tournay, avocat au conseil privé de cette ville, président de la Gard'Olphe de Courtray, etc.

Parmi ses alliances directes, on remarque les noms des plus importantes maisons des provinces qu'elle a successivement habitées , il faut citer, entre autres, celles de :

D'AMÉRAUCOURT,	DE BERNEMICOURT,	DU CROCQ,
D'AMIENS,	DE BERNIEULLES,	D'ENNETIERES,
D'AVERDOING,	DE BETTENCOURT,	DEVENYNS,
DE BACK,	DE BOUFFLERS,	DE FACOEN,
DE BACKERE,	BOULIT DE SURHON,	DU FAING D'HASSELT,
DE BAERT,	DE BOULAINVILLIERS,	DE FLERS,
DE BASSÉ DE HESECQUES,	DE BOUTRY,	DE GAVRE,
DE BEAUFFREMETZ,	DE BRACLE ,	DE GENEVIERS,
BEGHIN,	DE BRAGELONGNE,	DE GHYSELBRECHT D'EECKE,
DE BALEUX,	DE CAMBRY,	GOETHALS,
DE BENTINCK (des ducs DE	DE CARNIN,	DE GOSSON,
PORTLAND),	CHASTELLAIN.	GRAû,

DE HANIVEL,
DE HEERE,
D'HÉRICOURT,
L'HERMITTE DE BELISSART,
HUYTTENS,
DE LANDAS,
DE LATTRE,
DE LONGUEVAL,
MAELCAMP DE THEUX,
LE MAIRE DE CAVREL,
DE MATIGNY,
MERCIER,
MOERMAN DE BEAULIEU,
DE MONCHY,
DE MONTBERNALION,
DE MONTCAUREL,
DE MOTTINGHIEN,

DE NEUFVILLE DE TANGRY,
D'ORGEMONT,
D'OYE,
DE PANDELAER,
PARDO DE NEDONCHEL,
PARENT,
DU PETIT-CAMBRAY,
PICARET,
DE PICQUIGNY,
LE PIPPRE,
POELMAN,
POLLET,
DE POTTER,
DE PRESSY,
DE RAET DE BÖGELSCAMP,
DE RECOURT,
DE ROCCA,

DE SALM-SALM (princes),
DE SAVEUSE,
SCHELLEKENS,
SURMONT,
DE THEUX,
LE TELLIER DE VILLEDIEU,
THIERRY DE BARASTRE,
VAN BEEM,
VAN DEN BERGHE,
VAN LEUW,
VAN MELLE,
VAN TIEGHEM,
DE VERLOING,
DE VILDERS DE WETTEREN,
DE WATRIPONT,
DE WAUQUELIN,
DE WIGNACOURT.

Cette puissante maison s'est divisée en trois branches principales, outre la branche mère des MOREL DE TANGRY qui s'est éteinte, faute de descendants mâles, à la fin du XVIIᵉ siècle, savoir :

> 1° LA PREMIÈRE BRANCHE des MOREL DE TANGRY, actuellement existante et qui se trouve, par le fait de l'extinction de la branche mère, héritière de ses titres et prédicats ;
>
> 2° LA SECONDE BRANCHE des MOREL DE TANGRY, éteinte en l'année 1862 ;
>
> 3° Et la TROISIÈME BRANCHE des MOREL DE BOUCLE-SAINT-DENIS, actuellement existante. Cette branche cadette fit reconnaître l'ancienneté de sa noblesse et la possession de ses armoiries, telles qu'elles sont décrites ci-dessous, par la chambre héraldique des Pays-Bas, et reçut à cet effet, en 1791, l'attestation de noblesse dont voici la teneur :

« Ceux de la chambre héraldique des Pays-Bas et cercle de Bourgogne,
« sur la remontrance de M. Jean-Bernard MOREL, seigneur de Boucle Saint-
« Denis, Buysère, etc., secrétaire du magistrat des Parchons de la ville de
« Gand, époux de dame Cornelie-Thérèse VAN MELLE, lequel, pour se
« conformer aux dispositifs des édits héraldiques des 14 décembre 1616 et
« 11 décembre 1754, leur a remis les armoiries dont lui, ses père et aïeux
« se seraient toujours servis, son extrait de baptême en original, signé le
« vingt-sixième jour de mars de la présente année, du baron DE LA FAILLE DE
« HUYSCHE, du vicomte VILAIN XIV, grand bailli de la ville de Gand, de
« M. DE VAERNEWYCK D'ANGEST, du marquis DE MAELCAMP DE SCHOONBERGHE, et
« du chevalier DE CONINCK DE MARIAKERCKE, contenant, que, le remontrant,

« ses père et mère, ayeul et ayeuls paternels, ont toujours vécu noblement
« de leurs biens, tenant équipages, réclamant à l'appui de ces titres la
« jouissance des droits attachés à l'état de noblesse, en conformité des édits
« sus-mentionnés, et, conséquemment, leur enregistrement, ainsi que
« celui de leur filiation suivie, aux registres armoriaux de la chambre héral-
« dique de Sa Majesté, et requérant qu'il lui en soit expédié acte en forme,
« ont déclaré et déclarent qu'après avoir mûrement examiné les pièces
« justificatives ci-dessus, il leur a consté que le remontrant est fils légitime
« de Josse-Frans-Joseph MOREL et de dame Thérèse-Jossine DE POTTER; petit-
« fils de Gilles-Emmanuel MOREL et de dame Anne-Thérèse NOLET; arrière-
« petit-fils de Josse MOREL et de dame Adrienne DEVENYNS; arrière petit-fils
« de Charles-François MOREL et de dame Anne DE PANDELAER, dont le père
« était Antoine MOREL et la mère Françoise DE BACKÈRE; l'ayeul, Jean MOREL,
« allié à dame Jeanne PARENT; et le bisayeul Jean MOREL, 1ᵉʳ du nom, époux
« en premières noces de dame DE BERNEMICOURT, et en deuxièmes de Jeanne
« DE HEERE; que, de l'ensemble de ces titres, il appert que ledit remontrant,
« Jean-Bernard MOREL, ainsi que ses frères, François-Josse-Adrien MOREL,
« Gille-Emmanuel MOREL, Charles-Léonard MOREL, de même que ses *cousins*,
« sont fondés dans la réclamation faite par le susdit remontrant; qu'en
« conséquence, ils sont en droit de jouir, de même que leurs descendants
« légitimes, de tous les privilèges, prérogatives, libertés, droits, immu-
« nités et autres avantages dont jouissent et usent toutes personnes nées
« nobles aux Pays-Bas; s'en prévaloir partout où besoin sera, et porter
« librement et paisiblement les armoiries timbrées de la famille de MOREL
« qui sont : *D'argent, à la fasce vivrée de sable; l'écu surmonté d'un*
« *heaume d'argent, grillé et liseré d'or, fourré de gueules, et couvert d'un*
« *bourlet d'argent et de sable, aux hachements de même; et pour cimier, la*
« *tête et le col d'un cygne d'argent; le susdit écu supporté de deux levrettes*
« *d'argent;* telles qu'elles sont peintes et exprimées à la tête du présent acte,
« lequel ils ont fait enregistrer de même auxdits registres, ainsi que les
« documents spécifiés ci-dessus, et les ont fait déposer aux archives de la
« susdite chambre héraldique de Sa Majesté.

 « *Fait à Bruxelles, sous leurs signatures et l'apposition des sceaux respectifs*
 « *de leurs charges royales, le* 14 *juin* 1791. »

« Étaient signés : c. Beydaels de Zittaert ; g.-a. Labina de Baussen ;
« Phil. o'Kelly ; Brambilla de Fleschières ; de Hesdin ; b. Jaerens de Sant—
« berghe ; f. de Laing et p.-v. de Cellier ; et y étaient apposés les sceaux
« respectifs de leurs charges royales, imprimées sur hosties rouges, cou-
« vertes de papier blanc. »

Pour duplicata :

« c. Beydaels de Zittaert, conseiller, premier roi d'armes, dit Toison d'Or,
« et chef de la chambre héraldique de Sa Majesté aux Pays—Bas et cercle de
« Bourgogne. »

La filiation des Morel de Tangry, établie sur titres originaux et documents
nobiliaires conservés à la Bibliothèque publique d'Arras, ainsi qu'aux
archives royales de la Belgique et d'après une ancienne généalogie, com-
mence à Gadifer, mentionné ci-après :

FILIATION

I. Gadifer, Ier du nom, chevalier, seigneur de Rumilly, fut présent à la
fondation de l'abbaye de Cercamp, faite en 1137, par Hugues de Champ
d'Avesnes, comte de Saint—Pol, il est qualifié : *Strenuus miles* Gadifer,
Dominus de Rumilly. (Son sceau représente *un homme armé à cheval tenant
une épée devant sa poitrine, avec un écu figurant une fasce vivrée* (1).
Il est mort en 1171, laissant pour fils et héritier :

II. Raoul, chevalier, seigneur de Rumilly, qui fut un des plus vaillants
chevaliers de son temps, au rapport du sire de Thienbrone (2). Il épousa dame
Ade (3), et fut tué, en 1205, à la prise de Constantinople, servant sous la
bannière de Baudouin, comte de Flandres. Il eut pour fils :

III. Gadifer, IIe du nom, seigneur de Rumilly, surnommé Morel ou
Moriau, c'est-à-dire Le Noir (4), qui mourut au service de Guy de Bourbon,
dit de Dampierre, comte de Flandres. Ses enfants furent :

> 1° Guy, dit Morel, qui suit ;
> 2° Oudart Morel, chevalier, qui épousa Beghe, dame et héritière de
> Saint-Pierre-Mesnil ;

(1) Obituaire de l'abbaye de Cercamp.
(2) Chroniques de la maison de Champ d'Avesnes.
(3) Chroniques de la maison de Champ d'Avesnes.
(4) Titres de l'abbaye de Cercamp.

> 3° Berthe DE RUMILLY, dite MOREL, mariée à Baudouin CHASTELLAIN, che-
> valier, seigneur de Lubremont, gentilhomme du pays d'Anjou.

IV. Guy DE RUMILLY, dit MOREL, Ier du nom, chevalier, seigneur dudit lieu, épousa Gauberge DE MONTCAUREL (1), fille d'Étienne, seigneur de MONTCAUREL ; il fut inhumé dans l'abbaye de Saint–Josse-aux-Bois où il avait, conjointe-ment avec sa femme, fondé un anniversaire en 1318. Celle-ci, qui lui survécut, reçut en 1328, d'Arthus de Morviller, le relief du fief de Bincourt, tenu de Rumilly. Il a laissé pour enfants :

> 1° Robert MOREL, seigneur de Rumilly et de Cayeu, capitaine des francs archers de Louis de Nevers, comte de Flandres, aux côtés duquel il fut tué à la bataille de Crécy, en 1346. Il avait épousé Mahault DU BOIS, dont il n'eut point d'enfants ;
> 2° Jean MOREL, qui suit ;
> 3° Adèle MOREL, abbesse du Mont-Notre-Dame, régit cette abbaye durant trente-neuf ans, et la résigna en faveur de Frédégonde MOREL, sa nièce, étant devenue aveugle.

V. Jean MOREL, Ier du nom, chevalier, seigneur de Rumilly et de Cayeu, épousa Druette DE NEUFVILLE, dame DE TANGRY (2), fille de Jean de Neufville, chevalier, seigneur dudit lieu. On le trouve mentionné avec sa femme dans une fondation d'anniversaire faite en l'abbaye de Breteuil. D'eux naquirent :

> 1° Richard MOREL, dit *le Malin*, seigneur de Rumilly, qui, ayant été déshé-rité par son père, pour avoir tiré l'épée contre lui, alla prendre du service auprès de Guy de Lusignan, roi de Chypre, qui le fit cheva-lier (3) ;
> 2° Guy, qui suit ;
> 3° Arnoul MOREL, seigneur de Rixensart, est cité au nombre des barons de la cour de Marguerite de Flandres, en 1368 (4) ;
> 4° Quentin MOREL, seigneur de Fontaine, épousa Rictrude DE BOULAIN-VILLIERS, dont sont issus les MOREL, seigneurs du Perroy ;
> 5° Frédégonde MOREL, abbesse de Notre-Dame, par résignation de sa tante ;
> 6° Gauberge MOREL, mariée à Jean, seigneur DE MONTBERNALION, issu d'un puîné de la maison de Béthune.

VI. Guy MOREL, IIe du nom, seigneur de Tangry, de Cayeu, de Ru-milly, etc., sénéchal du Ponthieu, ayant maltraité, dans l'église de Breteuil, Godefroy de Gallois, religieux de cette abbaye, fut excommunié pendant deux

---

(1) THIENBRONE, Chroniques de la maison de Champ d'Avesnes.
(2) TANGRY, Pas-de-Calais, canton d'Euchin, arrondissement de Saint-Pol-sur-Ternoise.
(3) THIENBRONE, Chroniques de la maison de Champ d'Avesnes.
(4) BUTKENS, Trophées du Brabant, livre IV, page 536.

ans, et condamné par Jean de la Grange, évêque d'Amiens, à céder, à titre de réparation, sa terre de Rumilly à ladite abbaye, et à faire le voyage de Jérusalem (1).

Il avait épousé Béatrix DE LONGUEVAL, avec laquelle il fonda un anniversaire en l'église de Breteuil, l'an 1362, pour lui, ses père, mère, aïeul et aïeule, qui sont dénommés dans l'acte. Il eut de cette alliance :

> 1° Guy MOREL, seigneur de Cayeu, tué, sans hoirs, au siège de Clermont, en 1361 ;
> 2° Jean, qui suit ;
> 3° Privat MOREL, chevalier de l'ordre de Saint-Jean de Jérusalem, commandeur de Saint-Sulpice, en 1373 (2) ;
> 4° Hector MOREL, épousa Agnès DE MONCHY, dont il n'eut pas d'enfants, et avec laquelle il fonda, en 1384, un hôpital à Priches, où ils furent inhumés.

VII. Jean MOREL, II° du nom, seigneur DE TANGRY, de Coustiches et de Villers en partie, bailli de Thérouanne, est mentionné dans l'acte de fondation faite en l'église de Breteuil, par son père, en 1362 ; sa femme se nommait Éléonore D'AVERDOING, comme il appert d'une charte de Guillaume, abbé de Marchiennes, de l'année 1371 ; il y est qualifié noble et honorable chevalier, seigneur DE TANGRY. Leurs enfants furent :

> 1° Guy, qui suit ;
> 2° Robert MOREL, chanoine et archidiacre de Notre-Dame de Thérouanne, mentionné avec ses frères, dans la charte de Guillaume, abbé de Marchiennes, précitée ;
> 3° Jean MOREL, auteur de la PREMIÈRE BRANCHE des MOREL DE TANGRY, seigneurs de Coustiches et du Hautpont, actuellement existante en Belgique et en France, dont la filiation sera rapportée ci-après ;
> 4° Huguette MOREL, mariée à Tanneguy DE BERNIEULLES, chevalier, seigneur de Vauflans en Brie, et de Neufchâtel en Picardie, capitaine de cinquante hommes d'armes, tué à la bataille d'Azincourt, en 1415 (3) ;
> 5° Aliénor MOREL, religieuse en l'abbaye d'Estrun.

Jean MOREL laissa outre ces cinq enfants, un fils naturel :

> 6° Pierre MOREL, dit MORIAU, qui fut un vaillant capitaine ; il se mit au service des Gantois, dont il devint le chef, lors de leur révolte contre

(1) Chroniques de Breteuil, page 283.

(2) NABERAT, *Histoire de Malte*, édition de 1659, page 80.

(3) Parmi les gentilshommes artésiens dont les familles se sont alliées à celles des MOREL DE TANGRY, qui trouvèrent une mort glorieuse en cette désastreuse journée, nous pouvons citer un Jean MOREL, N. de Longueval, N. de Betancourt, Charles de Boutry, Rasse de Montcaurel, N. de Neufville, père et fils, Guillaume de Saveuse, Guillaume de Watripont, etc. (De Courcelles, *Dictionnaire universel de la noblesse*, tome Ier, page 54).

le duc de Bourgogne; il fut souvent aux prises avec le bâtard de Bourgogne, et fit le siège de la ville de Termonde (1).

VIII. Guy MOREL, IIIe du nom, chevalier, seigneur DE TANGRY, lieutenant des gens d'armes de Philippe le Bon, épousa Jeanne DE BALEUX, dame de Chelers, de laquelle il eut :

> 1° Jean, qui suit ;
> 2° Dom Guy MOREL, religieux prémontré dans le monastère de Saint-Augustin, près Thérouanne, puis abbé de Saint-Josse-aux-Bois ;
> 3° Fremin MOREL, chanoine et pénitencier de l'église d'Arras ;
> 4° Pierre ou Thierry MOREL, chevalier, seigneur de Blouis ;
> 5° Rictrude MOREL, mariée 1° à Evrard LE TELLIER, seigneur de Villedieu;
> 2° à Henry DE SAVEUSE, seigneur de Précigny et de Turmesnil ;
> 3° à Valeran DE WAUQUELIN, en Cambrésis ;
> 6° Marie MOREL, héritière de Monceaux, par testament du seigneur de Baleux, son oncle, épousa noble homme Pierre THIERRY DE BARASTRE ;

IX. Jean MOREL, IIIe du nom, seigneur de Tangry et de Chelers, grand fauconnier de Charles le Hardy, duc de Bourgogne, fut créé chevalier par ce prince, au camp devant la ville de Nuits, en 1474; il s'unit à Marie DE SAINT-PIERRE-MESNIL, fille de Jean DE SAINT-PIERRE-MESNIL et de Jeanne DE HUCQUELIÈRE. De ce mariage vinrent :

> 1° Adrien, qui suit ;
> 2° Antoine MOREL, écuyer, seigneur du Pins, épousa Jeanne DU CROCQ, héritière du Ruloir, dont :
>> A Antoine MOREL, seigneur du Pins et du Ruloir, enseigne de la compagnie du sire de Vaux, tué à la bataille de Saint-Quentin, en 1557 ;
>> B Jean MOREL, seigneur du Pins et du Ruloir, fut reçu bourgeois d'Arras, en 1529, paroisse Notre-Dame ; il fut procureur général au conseil d'Artois en 1534 et mourut en 1557 (2). Il avait épousé Isabeau DE FLERS, fille d'André de Flers, seigneur d'Ayette, et de Beatrix de Beauffort (3), dont :
>>> AA Adrien MOREL, seigneur du Pins et du Ruloir conseiller au conseil d'Artois, qui récréança sa bourgeoisie à Arras, en 1554, et eut de Marie LE PIPPRE, dame de Garbecq :
>>>> AAA Guillaume MOREL, seigneur du Pins et du Ruloir, trésorier de l'archiduc Albert, puis Écoutète de la ville de Bruges (4).

---

(1) Mémoires d'Olivier de la Marche, livre IV, pages 387 et 388.
(2) Bibliothèque communale d'Arras, collection manuscrite de Godin.
(3) Le Manuscrit Godin lui donne pour femme Madeleine DE LA FORTERIE.
(4) LESPINOY, Histoire de la noblesse de Flandres, page 221.

BB Antoine MOREL, chanoine d'Arras ;

CC Jeanne MOREL, mariée à Jacques DE LATTRE, seigneur de Gorghem et de Rullencourt, fils d'Alard DE LATTRE, greffier en chef du conseil d'Artois, et de Marie LABBÉ (1).

DD Marie MOREL, mariée à Jean PICARET, chevalier, seigneur du Grandbus ;

EE Barbe MOREL, femme de Thomas BASSÉ, seigneur de Hesecques et de Vieuxbourg, fils de Jean et de Jacqueline LA DIENNÉE ;

FF Jean MOREL, bâtard, capitaine d'infanterie au service du roi d'Espagne qui épousa Marguerite DECKER et mourut en 1615, laissant une fille : Françoise MOREL, mariée à Gaspard CENTURION, noble Genevois, capitaine aux Pays-Bas ;

GG Anne MOREL, bâtarde, mariée 1° à Antoine ROUSSEL, capitaine au service des États de Hollande : 2° à noble homme Charles CAPPELIER, fils de Hugues CAPPELIER et de Marguerite d'ENNETIERES ;

C Adrienne MOREL, mariée à Jean DE VERLOING, seigneur d'Erquerre et de Pressy, sans postérité ;

D Marie MOREL, unie à François LE FEBVRE, écuyer, seigneur de Bramez ;

E Agnès MOREL, conjointe en premières noces au seigneur DE WARLUZEL ; et en secondes, à Ferry DE LONGUEVAL, seigneur de Surchamps, mestre de camp d'un régiment wallon, à la bataille de Gravelines, en 1558 ;

3° Hélène MOREL, mariée à Tristan DE BRAGELONGNE, chevalier, seigneur de Saint-Ouen ;

4° Aldegonde MOREL, donna sa main à Robert DE MOTTINGHIEN, chevalier, seigneur d'Ellincourt, guidon des gendarmes du roi François Iᵉʳ, avec lequel il se trouva à la bataille de Pavie, en 1524;

5° Eléonore MOREL, prieure de l'abbaye de Blandecque, déclina l'honneur d'être abbesse dudit monastère.

X. Adrien MOREL DE TANGRY, Iᵉʳ du nom, chevalier, seigneur de Tangry, de Chelers et autres lieux, épousa, en 1502, Anne D'ORGEMONT, dame D'AINVILLE, fille de Pierre D'ORGEMONT, seigneur de Verneuil (2). Leurs enfants furent :

1° Jean, qui suit ;

2° Adrien MOREL, ministre des Trinitaires du monastère d'Orval ;

3° Guilbert MOREL, chanoine et archidiacre de Notre-Dame de Cambrai;

4° Jacqueline MOREL, mariée à Robert DE HANIVEL, seigneur de Montigny et de la Haye, gouverneur de Calais, gentilhomme normand.

XI. Jean MOREL DE TANGRY, IV° du nom, chevalier, seigneur de Tangry,

(1) Bibliothèque d'Arras, manuscrit Godin.

(2) Archives de M. le comte de Vogué; et de la Gorgue de Rosny, Recherches sur le Ponthieu, page 1033.

de Chelers, de Frevillers, se maria, par contrat de l'année 1532, avec Isabeau DE WIGNACOURT, dame D'ESCALUS, fille de Hugues DE WIGNACOURT, gouverneur d'Arras, et de Jeanne DE CROISIS (1).

Jean MOREL DE TANGRY fut présent au mariage contracté, le 26 septembre 1541, entre Jacques de WIGNACOURT, seigneur d'Escalus, son beau-frère, et demoiselle Yve DE BAILLEUL (2). Il a laissé pour enfants :

> 1° Adrien, qui suit ;
> 2° Charles MOREL, seigneur d'Ainville, qui s'unit à Antoinette DE BEAUFFRE-METZ, fille de Jean et Antoinette de THIEULAINE, dont :
>> A Jérôme MOREL, seigneur d'Ainville, mari d'Anne DE LANDAS fille de Charles DE LANDAS, seigneur d'Yvergny, et de Catherine DE FRESNOY, dont :
>>> AA Isambert MOREL, seigneur d'Ainville, capitaine, tué au siége de Breda, sans alliance ;
>>> BB Charles MOREL, gouverneur de Heilbronn en Bohême, marié à une fille de la maison DE HARDUNCK, et mort aux guerres d'Allemagne, laissant un fils dont on ignore la destinée ;
>>> CC Rolland MOREL, chanoine de Lillers et de Béthune ;
>>> DD Catherine-Lamberte MOREL, prieure de la Paix, à Arras ;
>>> EE Marie MOREL, religieuse à Avesnes-lès-Arras ;
>>> FF Eléonore MOREL, religieuse à Bourbourg ;
>>> GG Anne MOREL, mariée à Adrien LE MAIRE, baron de Cavrel, seigneur de Wailly et de Blanchemaille ;
>> B Isabeau MOREL, unie en premières noces à Pierre DE RECOURT, seigneur de La Libaut ; et en secondes noces à Charles DE GOSSON, seigneur d'Ambrine ;
> 3° Jean MOREL, seigneur d'Escalus et de Rebreuve, siégea aux états d'Artois et récréança sa bourgeoisie à Arras, en 1573 (3).
> Il épousa en premières noces Marguerite (aliàs Marie) DE BOUFFLERS, fille de Henri DE BOUFFLERS et de Mahille DE MAILLY ; et en secondes noces, Catherine PARDO, héritière de Nedonchel, fille de Messire Diégo PARDO (4), chevalier de l'ordre de Saint-Jacques, et de dame Isabeau DE VILLEGAS. Du premier lit vint :
>> A Marie MOREL, femme d'Antoine D'HÉRICOURT, seigneur de Canlers, fils de Charles D'HÉRICOURT et de Marie D'OCOCHE ;

(1) Manuscrits de Chevillard. — Archives de la chambre héraldique de Bruxelles, n° 1, D, folio 474, — Archives de M. de Vogué.
(2) Archives de M. de Vogué.
(3) Bibliothèque d'Arras, collection manuscrite de Godin.
(4) Archives de Flandres, chambre des comptes, registres cotés 2270 et 2271.

Du deuxième lit naquit :

> B. Isabeau Morel, dame de Nedonchel et d'Escalus, mariée,
> en 1605, à Claude de Carnin, seigneur de Saint-Légier;
> tous deux furent inhumés dans le cloître de Forest-
> lès-Bruxelles.

4° Aliénor Morel, mariée à Frédéric (aliàs Ferdinand) de Boutry, par
contrat du 20 novembre 1550 (1);

5° Marie Morel, femme de Jérôme du Petit-Cambray, écuyer, seigneur
dudit lieu.

XII. Adrien Morel de Tangry, chevalier, IIe du nom, seigneur de Tangry, de Chelers, de Frevillers, d'Escalus, du Ruloir, etc., donna quittance, le 6 avril 1559, à Antoine Partz, fils et héritier de feu Pierre Partz, écuyer, pour raison de payement fait du droit de relief et chambellage d'un fief tenu dudit sieur Morel, à cause de sa seigneurie de Tangry, et sis au terroir de Ploich. Dans cet acte est mentionnée la promesse de faire le serment de fidélité entre les mains du bailli ou autres officiers de ladite seigneurie, et de donner dénombrement quand il en serait requis;—(*Extrait de l'original en papier.*) (2).

Adrien Morel, qui était membre du conseil d'Artois, reçut des lettres d'honneur le 21 janvier 1587 (3) et prêta serment le 21 mars suivant (4). Il avait été député de la noblesse de cette province en 1576, et devint gouverneur et capitaine des ville et château d'Avesnes-le-Comte.

Adrien Morel de Tangry avait épousé en premières noces, par contrat du 7 septembre 1559, Isabeau de Pressy (5), fille d'Antoine de Pressy, seigneur de Flencques, et de Charlotte de Ghistelles; il s'unit en secondes noces, par contrat du 28 septembre 1567, à Marie de Bracle, fille et héritière de feu Rasse de Bracle (6), et fut inhumé dans l'église d'Avesnes-le-Comte, en Artois.

Du premier lit sortirent :

> 1° Lambert, qui suit :
>
> 2° Charles Morel de Tangry, chanoine d'Arras, nommé Evêque de ce diocèse, et mort peu après ;
>
> 3° Adrienne Morel de Tangry, abbesse d'Avesnes-lès-Arras ;
>
> 4° Antoinette Morel de Tangry, religieuse à Thieuloy-lès-Arras ;

(1) Archives de M. de Vogué.
(2) Bibliothèque d'Arras, collection manuscrite de Godin.
(3) Bibliothèque d'Arras, collection manuscrite de Godin.
(4) Archives du Pas-de-Calais, 2e registre aux commissions, folio 56.
(5) Archives de M. le comte de Vogué.
(6) Archives du Pas-de-Calais, chambre des comptes, registres cotés 2979, 2980, et archives de M. de Vogué.

> 5° Marie (aliàs Isabeau) MOREL DE TANGRY, mariée, le 29 novembre 1585, à François D'OYE, chevalier, seigneur de Rougefay, capitaine d'infanterie au régiment du marquis de Varambon (1);
>
> 6° Bonne MOREL DE TANGRY, dont l'inscription tumulaire aux Bonnes-Nouvelles, du faubourg de Saint-Sauveur-lès-Arras, est ainsi conçue :
>
> « Cy-gist Bonne MOREL, fille de Noble ADRIEN, chevalier, sei-
> « gneur de Tangry, eslevée par messire Adrien MOREL, licencié
> « ès loix, sieur du Ruloir et conseiller du roi au conseil d'Artois, son
> « cousin, et damoiselle Anne LE PIPPRE, damoiselle d'Espone et
> « Garbecq, sa femme, qui mourut âgée de quinze ans, le 12 de
> « juillet 1581, pour laquelle et autres parents trépassés ont fondé,
> « en l'église de Saint-Gui, un anniversaire (2). »

XIII. Lambert MOREL DE TANGRY, chevalier, seigneur de Tangry, de Chelers, de Vaux, de Frevillers, d'Escalus, etc., récréança sa bourgeoisie à Arras, en 1583, paroisse Notre-Dame (3). Il fut nommé, par lettres du 5 juillet 1590, capitaine-mayeur, conjureur des échevins, forestier et gouverneur d'Avesnes-le-Comte en remplacement de son père (4).

Lambert MOREL DE TANGRY épousa Marie DE BRACLE, dame d'Hauterive, de Berles et de Moorslede (5), fille de Georges DE BRACLE et de Marie HAMINCK.

Georges DE BRACLE, par son testament du 3 novembre 1592, fit le partage de ses biens en faveur de Marie DE BRACLE, dame DE TANGRY, et de sa sœur Jeanne DE BRACLE. Ce partage fut ratifié par ladite Marie DE BRACLE et sa sœur, le 18 octobre 1595. Signé : Marie DE BRACLE et autres. (*Pièce en papier de huit rôles.*)

Lambert MOREL avait fondé avec son père quatre obits par an en l'église d'Avesnes. Il eut pour enfants :

> 1° Georges MOREL DE TANGRY, seigneur de Tangry, d'Hauterive, de Moorslede, etc., époux de Dorothée DE GAVRE, dame de Wavrechin, chanoinesse de Thoren, fille de Jean-Charles DE GAVRE, comte de Frezin, baron d'Inchy, seigneur de Rixensart, et de Françoise DE RENTY, dont : Alexandrine-Françoise-Dominique MOREL DE TANGRY, morte à l'âge de 22 mois;
>
> 2° Adrien, qui a continué la descendance;
>
> 3° Charles MOREL DE TANGRY, chevalier, VICOMTE DE CHELERS, seigneur du Parquet et de Tourcelette, qui épousa, à Audenarde, par contrat du 5 mai 1622 (6), Anne DE WATRIPONT, héritière de Picquigny, fille

(1) Archives de M. de Vogué.
(2) Bibliothèque d'Arras, collection manuscrite de Godin.
(3) Bibliothèque d'Arras, collection manuscrite de Godin.
(4) Archives du Pas-de-Calais, 2° registre aux commissions, page 151.
(5) Archives de M. le comte de Vogué.
(6) Archives d'Audenarde; — Archives de M. de Vogué.

d'Antoine DE WATRIPONT, seigneur de Baffeghem, grand-bailli de Berghes-Saint-Winoc, et d'Anne DE SCHIETERE. Parmi les assistants figurent Marie DE BRACLE, mère du marié, Georges DE BRACLE, son cousin, Georges MOREL, écuyer, seigneur de Tangry, d'Hauterive, etc., son frère, et autres. Charles MOREL fut père de :

    A François-Adrien MOREL, VICOMTE DE CHELERS, seigneur de Picquigny et du Parquet, mort sans avoir contracté d'alliance;

    B Marie-Anne MOREL DE TANGRY, non mariée;

    C Anne-Georges MOREL DE TANGRY, religieuse à l'hôpital d'Audenarde ;

    D Catherine-Lamberte MOREL DE TANGRY, héritière de Chelers, mariée, par contrat du 8 octobre 1653 (1), à Jacques-Joseph DU FAING, vicomte d'Hoye, seigneur de Marcheghem, souverain bailli de Flandre, mort sans hoirs, le 14 septembre 1665;

    E Pétronille-Isabelle MOREL DE TANGRY, dame de Picquigny, de Berles et de Cuerne, mariée, par contrat du 9 mai 1656 (2), à Philippe-François DU FAING, comte de Hasselt, baron de Jamoigne, vicomte d'Hoye, gentilhomme de la bouche du roi, gouverneur du comté de Chiny, chevalier du conseil de Luxembourg, et député de la noblesse de ladite province (3); elle mourut le 7 juillet 1686, et fut inhumée avec son mari, en l'église de Saint-Bavon, à Gand.

    4° Marie MOREL DE TANGRY, mariée, par contrat du 24 mai 1623, à Jacques L'HERMITE, seigneur de Belissart (4) ; il est mort sans enfants ;

    5° Isabeau MOREL DE TANGRY, prieure de l'abbaye d'Avesnes-lès-Arras.

XIV. Adrien MOREL DE TANGRY, chevalier, III° du nom, seigneur de Tangry, d'Escalus, etc., épousa Hélène DE FACOEN, dite ZILLEBECKE., héritière de Fresnoy, fille de Ferdinand DE FACOEN et de Jeanne DE TESSEN.

De cette union vinrent :

    1° Charles-Lambert MOREL DE TANGRY, seigneur de Tangry, de Hauterive, etc., tué en duel, à Gand, en 1654; il n'était pas marié ;

    2° Adrienne-Lambertine MOREL DE TANGRY, héritière de son frère, fut mariée à Léon DE ROCCA, baron de Feux, en Bourgogne, colonel d'un régiment de cavalerie au service du roi d'Espagne, aux Pays-Bas. Elle fit son testament en 1694 (5) ;

    3° Isabelle MOREL DE TANGRY testa, le 26 juillet 1686, en faveur de la dame de Feux, sa sœur.

---

(1) Archives de M. le comte de Vogué.
(2) Archives de M. de Vogué.
(3) Archives de la chambre héraldique de Belgique, n° 222, D, 1, folios 49 et 66, généalogie de Stielandt.
(4) Archives de M. de Vogué.
(5) Archives de Tournay.

PREMIÈRE BRANCHE

DES MOREL DE TANGRY, SEIGNEURS DE COUSTICHES
ET DU HAUTPONT

ACTUELLEMENT EXISTANTE EN BELGIQUE ET EN FRANCE

VIII. Jean MOREL DE TANGRY, seigneur de Coustiches (fils puîné de Jean MOREL, II⁰ du nom, seigneur de Tangry, de Coustiches et de Villers en partie, et d'Eléonore D'AVERDOING), fut lieutenant du bailliage d'Amiens; il est mentionné dans une charte de l'abbaye de Marchiennes, de l'année 1371. Il épousa Yolande DE GENEVIERS, fille de Robert DE GENEVIERS, chevalier, seigneur de Remauville, et laissa de cette union :

> 1° Jean MOREL DE TANGRY, seigneur de Coustiches, qui, fatigué du monde, laissa son patrimoine à sa sœur, en entrant dans l'ordre de Saint-Jean de 'Jérusalem. Il était grand prieur de l'ordre en 1430. C'est lui qui fit édifier à Rhodes le splendide palais destiné à servir d'habitation au grand-prieur et au sous-prieur (1). Ayant été fait prisonnier et interné à Négrepont, il eut, d'une femme turque, un fils naturel nommé :
>> Négrepont MOREL, capitaine des corsaires de Chypre, à la tête desquels il fit de grandes prises sur les infidèles; on le surnomma le *Bâtard infernal* (2).
>
> 2° Hector, qui suit ;
> 3° Yolande MOREL DE TANGRY, héritière de Coustiches, fut mariée en premières noces à Thierry DE PICQUIGNY, seigneur de Fleurival, en Ponthieu, châtelain du Crotoy; et en deuxièmes noces, à Olivier D'AMÉRAUCOURT, chevalier, vicomte de Saint-Sourcy, capitaine d'Abbeville.

IX. Hector MOREL DE TANGRY, seigneur de Coustiches, épousa, vers l'an 1440, demoiselle N. DE BETTENCOURT, de laquelle il eut :

> 1° Guy, qui suit;
> 2° Une fille morte en bas âge.

X. Guy MOREL DE TANGRY, seigneur de Coustiches, épousa, vers l'année 1440, une demoiselle de la maison des anciens sires D'AMIENS, et eut de cette union :

> 1° Jean, qui suit :
> 2° Peronne MOREL DE TANGRY, morte sans avoir été mariée.

(1) Naberat, Histoire de Malte. — Goussancourt, Martyrologe des chevaliers de Malte.
(2) Lusignan, Histoire de Chypre.

XI. Jean MOREL DE TANGRY, seigneur de Coustiches, contracta alliance, en 1470, avec N. DE SAINT-PIERRE-MESNIL, de laquelle il eut :

XII. Jean MOREL DE TANGRY, écuyer, qui contracta deux alliances avec deux maisons des plus considérables de sa province, savoir : la première avec N. DE BERNEMICOURT (1); et la seconde avec Jeanne DE HEERE (2).

Il mourut en 1541, laissant du premier lit :

> 1° Adrien MOREL DE TANGRY, président au conseil d'Artois, de 1584 à 1588, mort sans postérité ;
> 2° Pierre MOREL DE TANGRY, docteur en théologie, « recteur magnifique de de l'université de Louvain », et chanoine de la cathédrale de Cambray. Atteint de la peste, il succomba à Louvain, le 10 septembre 1578. Il avait pris possession de la prébende de Cambray, le 21 juin 1560.
> 3° Jean, qui suit ;

Du deuxième lit est issu :

> 4° Valeran MOREL DE TANGRY qui fut amené très-jeune en Espagne, pour faire partie du corps des archers de la garde du roi Philippe II. Il en revint avec l'archiduc Albert, quand ce prince fut appelé au gouvernement des Pays-Bas. Nommé lieutenant du vicomte de Solre, grand écuyer de l'archiduc, il mourut au lendemain de la prise de la ville d'Aire.

XIII. Jean MOREL DE TANGRY, écuyer, épousa, en premières noces demoiselle N. MERCIER; et en deuxièmes noces, Jeanne PARENT.

Du premier lit vinrent :

> 1° Claude MOREL DE TANGRY, né en 1577, à Gaudecourt en Artois, qui obtint les degrés de licence au collège du roi, à Douai. Il épousa, le 22 no-

(1) Les DE BERNEMICOURT sont réputés issus d'un puîné de la maison DE SALUCES en Italie.

Hugues DE BERNEMICOURT se trouva au tournois d'Anchin en 1096. Parmi ses descendants, on compte entre autres : Pierart DE BERNEMICOURT, gouverneur d'Oisy, d'après une charte de 1164 ; Jean DE BERNEMICOURT, maître d'hôtel d'Antoine, bâtard de Bourgogne; Jacques, seigneur de Fouquiers, lieutenant du gouvernement de Bapaume ; Hugues, procureur au conseil d'Artois; François, vicomte de la Thieulaye gouverneur et grand-bailli de Bailleul, etc.

Les alliances directes de cette famille sont avec les Habarcq, de Mailly, de la Viéville, de Bonnières, de Wignacourt, de Thamise, de Wissoc, de Canteleu, de la Cerda, de Baest, de Markais, d'Ognies, de Melun, etc.

Armes : *D'azur, au chevron d'argent*, qui est de SALUCES ; *écartelé, de sable, semé de fleurs de lys d'or*, qui est de BELLEFORIÈRE.

(2) La famille DE HEERE, originaire de Flandres, justifie sa filiation depuis Pierre DE HEERE, bienfaiteur de l'église des Cordeliers de la ville de Bruges, mort en 1388.

Parmi ses descendants, on remarque : Antoine DE HEERE, trésorier principal de Bruges, en 1443 ; Jacques DE HEERE, gouverneur de cette ville, mort en 1504; et dans les alliances de cette famille, on compte celles de van Nieuwen Hove, de Vitte, de Baeust, etc.

Armes : *D'argent, à un chevron de sable, accompagné en chef de deux coquilles de même, et en pointe d'une étoile de gueules.*

vembre 1610, Catherine DE MATIGNY, et mourut conseiller pension-
naire, au Quesnoy, au mois d'août 1667, à l'âge de 90 ans, laissant
trois filles :

> *A*. Isabelle MOREL DE TANGRY, née le 11 juin 1613 et mariée
> à Messire Jean BOULIT, seigneur de Surhon;
> *B*. Françoise MOREL DE TANGRY;
> *C*. Annette MOREL DE TANGRY.

2° Valeran MOREL DE TANGRY, père de Jean et Jeanne MOREL DE TANGRY;
3° Antoine, qui suit;
4° Gilbert MOREL DE TANGRY, écuyer;
5° Messire Jean MOREL DE TANGRY, curé de Gaudecourt et seigneur d'un
grand fief audit lieu;
6° Pierre MOREL DE TANGRY, écuyer;
7° Mathieu MOREL DE TANGRY, écuyer;
8° Jean-Jacques MOREL DE TANGRY, écuyer;
9° Louis MOREL DE TANGRY, écuyer;
10° Denis MOREL DE TANGRY, écuyer,

Du deuxième lit vinrent :

11° Anne MOREL DE TANGRY;
12° Péronne MOREL DE TANGRY.

XIV. Antoine MOREL DE TANGRY, écuyer, né en 1574, se retira à Audenarde,
lors des troubles de France, et y épousa Françoise DE BACKÈRE. Il mourut à
Gand, le 9 février 1670, et y fut inhumé en l'église Saint-Jacques. (*Copie
authentique de l'acte de décès.*) Il avait eu de son mariage :

1° Messire Gérard MOREL DE TANGRY, né à Audenarde, le 12 avril 1614, qui
fut pourvu d'un canonicat à Heyne, et fut enterré dans l'église dudit
lieu;
2° Charles-François, qui suit;
3° Josse MOREL DE TANGRY, écuyer;
4° Louise MOREL DE TANGRY, qui épousa N. VILDERS DE WETTEREN.

XV. Charles-François MOREL DE TANGRY, écuyer, baptisé en l'église
Sainte-Walburge, à Audenarde, le 13 avril 1623 (*Acte de baptême*), fut
marié en ladite église, le 26 avril 1645, avec Anna DE PANDÉLAER (*Acte de
mariage*), et inhumé à Gand, le 22 avril 1680 (*Acte de décès*).

Il avait eu de son mariage :

1° Gérard MOREL DE TANGRY, écuyer, qui fut père de cinq enfants, savoir :
Charles, Jean, Jeanne, Catherine et Marie MOREL DE TANGRY;
2° Antoine MOREL DE TANGRY, capitaine au régiment de Croy, en 1684,
épousa, en ladite année, demoiselle N. VERSCHOFFEL;
3° Charles MOREL DE TANGRY, qui prit alliance avec Marie DE BAERT;
4° Gilles-Albert, qui suit;

5° Josse MOREL DE TANGRY, auteur de la TROISIÈME BRANCHE des MOREL
    DE BOUCLE, actuellement existante, laquelle sera rapportée plus loin;
6° Philippe MOREL DE TANGRY, marié à N. CRUL, mort à Gand.

XVI. Gilles-Albert MOREL DE TANGRY, écuyer, né à Gand, et baptisé en
l'église Saint-Jacques, le 18 juin 1655 (*Acte de baptême*), devint avocat du
roi au conseil de Flandre et s'unit à demoiselle Anne-Nicole VAN LEEUW,
par contrat du 18 juin 1676; il reçut la bénédiction nuptiale en l'église de
Saint-Nicolas-de-Waes. Il décéda à Courtray, ayant eu de son mariage :

1° Guillaume-Charles, qui suit ;
2° Willabaud MOREL DE TANGRY, né le 7 juillet 1700, grand-bailli de Cour-
    tray, mort sans alliance ;
3° Jean-Baptiste-Cyrille MOREL DE TANGRY, né le 6 juillet 1718, se fit prêtre
    et fut pourvu d'un bénéfice en l'église cathédrale de Courtray. Il
    mourut dans cette ville en 1801 ;
4° Jeanne-Godeline MOREL DE TANGRY, née le 6 juillet 1702 ;
5° Antoinette-Albertine-Arnolde MOREL DE TANGRY, née le 17 novembre
    1707 ;
6° Isabelle-Aurélie MOREL DE TANGRY, née le 13 juin 1711 ;
7° Ursule-Thérèse MOREL DE TANGRY, née le 5 novembre 1714.

XVII. Guillaume-Charles MOREL DE TANGRY, écuyer, né et baptisé à Courtray, le 18 octobre 1698 (*Acte de baptême*), épousa, en premières noces, dans
cette ville, le 19 novembre 1722, demoiselle Marie-Josephe BEGHIN, fille de
Henri BEGHIN (*Acte de mariage*) ; et en secondes noces, le 26 juillet 1725,
Louise-Marie-Pétronille GRAÛ, de Courtray (*Acte de mariage*).

Du premier lit vint :

1° Albert-Guillaume, qui a continué la descendance ;

Du deuxième lit sont nés :

2° Anselme-Louis-Joseph MOREL DE TANGRY, qui a formé la DEUXIÈME
    BRANCHE des MOREL DE TANGRY, dont la filiation suivra, et qui
    s'est éteinte en 1862;
3° Laurent-Charles MOREL DE TANGRY, né à Courtray, s'unit à Isabelle-
    Jeanne MOREL DE TANGRY, sa cousine, le 8 février 1751, dont :
    A. Marie-Regine MOREL DE TANGRY, décédée sans alliance ;
    B. Thérèse-Jeanne MOREL DE TANGRY, religieuse béguine à
        Gand ;
    C. Isabelle-Jeanne MOREL DE TANGRY, mariée à Tournay, avec
        noble Félix DE THEUX ;
    D. Françoise-Xavière-Catherine MOREL DE TANGRY, religieuse
        béguine, à Courtray ;
4° Jean-François MOREL DE TANGRY, mort au service de Sa Majesté, dans
    le régiment du prince de Ligne ;
5° Guillaume MOREL DE TANGRY, chanoine d'Antoing, près Tournay.

XVIII. Albert-Guillaume Morel de Tangry, écuyer, né à Courtray, le
8 mai 1723 (*Acte de baptême*), fut premier conseiller du conseil provincial
de Tournay; il mourut le 2 mai 1789 (*Acte de décès*). Il avait épousé, le
10 juillet 1757, Amélie-Rosalie-Ernestine de Ghyselbrecht d'Eecke, fille de
feu très noble Charles-Georges-Hyacinthe de Ghyselbrecht d'Éecke et d'Isa-
belle-Françoise Buttel, dame d'Eecke et autres lieux.

Il fut père de dix enfants savoir :

    1° Charles-Ernest-Joseph, qui suit ;
    2° Albert Morel de Tangry, abbé ;
    3° Henry Morel de Tangry, mort à Surinam ;
    4° Louis Morel de Tangry, licencié en droit ;
    5° Auguste Morel de Tangry, marié à Gand ;
    6° Joseph Morel de Tangry, mort officier ;
    7° Amé Morel de Tangry, écuyer ;
    8° Denis Morel de Tangry, écuyer ;
    9° Constance Morel de Tangry ;
    10° Reine Morel de Tangry.

XIX. Charles-Ernest-Joseph Morel de Tangry, chevalier, né à Tournay
et baptisé en l'église de Saint-Jacques de cette ville, le 16 juin 1758 (*Acte de
baptême*), fut seigneur du Hautpont, avocat au conseil privé de Tournay, puis
juré de ladite ville.

Il se maria, par contrat passé à Bentheim, le 17 février 1786, avec Clé-
mentine de Raet de Bögelskamp (*Acte de mariage*) (1), née le 8 juin 1754,
à Denekamp (*Acte de naissance*), décédée à Tournay, le 5 novembre 1790
(*Acte de décès*), fille de Jean-Gaspard-Joseph-Baron de Raet de Bögelskamp
et de Julienne-Wilhelmine de Bentinck (2), dont il eut deux enfants :

(1) La maison de Raet, qui a pris son nom des château et village de Raet, situés au pays de
Cologne, près la ville d'OErdingen, est une des plus anciennes et des plus nobles de ce pays, où ses
descendants ont été seigneurs dudit lieu, ainsi qu'il résulte de deux diplômes datés des 10 juin et
11 octobre 1696, dans lesquels ils sont déclarés *barons du Saint-Empire.*
    Leur filiation a été prouvée depuis Messire Jean de Raet, qui fut conseiller de Reinaud, premier
comte de Gueldre, en 1274.
    La branche allemande a produit des bourgmestres de Poemmel en 1307 et 1350; un député de
Nimègue à l'assemblée des nobles de Gueldre, en 1399, créé baron du Saint-Empire par le roi Sigis-
mond en 1416.
    On remarque parmi ses alliances les noms de Varick, de Heruynen, de Bevère, de Vermoes, de
Heusden, de Kock, de Hauldschild, de Spruyt, de Driel, de Frayenborg, de Herten, de Staverden, de
Korf. (Attestation de noblesse délivrée par Richard de Grez, premier roi d'armes provincial de Sa
Majesté la reine de Hongrie et de Bohême aux Pays-Bas, duché de Lothier et de Brabant, délivrée à
Bruxelles le 9 octobre 1744.)
    Armes : *De gueules, à trois patins d'or, mis en pal, 2 et 1.*
    La branche de Hollande porte ledit écusson : *avec un canton d'argent à une main sénestre de
gueules, et sur le tout : d'azur, au lion d'or.*
    (2) La maison des barons et comtes de Bentinck est originaire de Hollande; une de ses branches a
existé dans le duché de Juliers et dans celui de Berg; une autre est allée se fixer en Angleterre, où

1° Charles-Clément-Auguste-Joseph, qui suit ;
2° Julie-Eléonore-Charlotte MOREL DE TANGRY, née à Tournay, le 28 dé-
    cembre 1786 (*Acte de naissance*), non mariée, décédée à Munster, le
    16 novembre 1806 (*Acte de décès*).

XX. Charles-Clément-Auguste-Joseph MOREL DE TANGRY, chevalier, né à
Tournay et baptisé en l'église Saint-Jacques de cette ville, le 5 mai 1788
(*Acte de naissance*), commandeur de l'ordre du Lion néerlandais, mort à
Sclayn, le 25 juillet 1853, s'était marié, à Amsterdam, en 1810, à Catharina
VAN BEEM, fille de Barend VAN BEEM et de Christine VAN TAREL.

Il a laissé des enfants.

------

elle a été successivement créée barons Cirencester, vicomtes Woodstock, comtes de Portland en 1689,
marquis de Titchfield, et ducs de Portland en 1716.
   Elle a produit de grandes illustrations, et, dans ces derniers temps, un chevalier de Malte, un président à la cour de justice de Dusseldorf.
   En 1845, la grande confédération allemande décida que la famille des Comtes DE BENTINCK en raison
du rang qu'elle occupait du temps de l'empire germanique, posséderait les droits afférents à la grande
noblesse et à une naissance égale à celle des maisons souveraines dans le sens de l'article 14, de l'article de l'alliance décrétée au 28 juin 1845. (*Extrait du Journal d'Aix-la-Chapelle.*)
   ARMES : *D'azur à la croix ancrée d'argent.* DEVISE : *Craignez honte.*

DEUXIÈME BRANCHE

DES MOREL DE TANGRY (ÉTEINTE EN 1862).

XVIII. Anselme-Louis-Joseph MOREL DE TANGRY, écuyer, né à Courtray, le 12 mai 1726, baptisé le 6 juin suivant (*Acte de baptême*), fut longtemps magistrat à Courtray, puis président de la Gard'Olphe de cette cité ; on voit son portrait dans l'hôtel de ville dudit lieu. Il épousa :

1° Le 12 mai 1748, Françoise-Xavière, baronne DE MOERMAN, dame de Beaulieu, et du Grand-Duckinge ; 2° Le 12 novembre 1776, Isabelle-Rose VAN THIEGHEM, fille de Pierre-Laurent VAN THIEGHEM et d'Anne–Marie VAN DEN BERGHE.

Il mourut à Tournay, au mois d'avril 1795 et fut inhumé à Mourcourt, près de cette ville.

Du premier lit vinrent :

> 1° Guillelmine-Thérèse-Josèphe MOREL DE TANGRY, née le 1ᵉʳ mai 1749, mariée à Frans-Joseph VAN DEN BERGHE ;
> 2° Jean-François-Joseph MOREL DE TANGRY, né au mois de juillet 1755 et qui de son union avec Reine BAES, eut deux enfants : Jean-Baptiste et Reine MOREL DE TANGRY ;

Du second lit sont issus :

> 3° Isabelle-Rose MOREL DE TANGRY, née le 8 juillet 1779, à Vichte, se maria le 10 mai 1800, à Bruxelles, avec André-Enjelbert SCHELLEKENS, patricien de Louvain ;
> 4° Anselme-Louis-Joseph, qui suit ;
> 5° Albert-Léon-Casimir MOREL DE TANGRY, mort jeune ;
> 6° Amélie-Rosalie MOREL DE TANGRY, née à Vichte, le 26 mai 1780, s'unit le 10 avril 1802, à Leykom, au prince Georges DE SALM-SALM, et mourut à Paris, le 7 avril 1803, sans enfants ;
> 7° Thérèse-Appoline-Patricie MOREL DE TANGRY, née à Vichte, le 21 juin 1783, est décédée à Bruxelles, le 30 mars 1862 (*Acte de décès*) ;
> 8° Caroline-Élisabeth MOREL DE TANGRY, née à Vichte, le 18 novembre 1784, décédée à Grimberghe, le 13 octobre 1810.

XIX. Anselme–Louis-Joseph MOREL DE TANGRY, né à Vichte, le 23 juillet 1781, chevalier des ordres du Lion néerlandais et de la Légion d'honneur, entra au service de Napoléon Iᵉʳ, dans les gendarmes de son ordonnance, lors de la formation de ce corps ; fut fait brigadier le 5 novembre 1805 et maréchal des logis, le 7 février 1806. Il passa sous-lieutenant au 19ᵉ régiment de dragons, le 14 juillet 1807 ; fut fait lieutenant le 18 juillet 1811, et devint aide de camp du général Ary. Pendant les Cent Jours, Napoléon le nomma lieutenant-colonel ; et à la Restauration, il fut incorporé en qualité de major aide de camp dans l'armée des Indes, tout en conservant son grade de lieutenant-colonel.

Il avait épousé, en premières noces, le 18 août 1798, Marie-Philippine-Victorine-Mélanie DE CAMBRY, fille de Jean-François-Joseph DE CAMBRY, seigneur d'Houppline, etc., chevalier de l'ordre militaire de Saint-Louis, et de Françoise-Isabelle-Thérèse-Josèphe VISART DE BITREMONT ; et en secondes noces Élisabeth DE BACK.

De sa première union, il eut cinq enfants, tous morts en bas âge.

Il est mort ayant eu de son second mariage un fils mort sans postérité. Cette branche s'est éteinte en 1862.

TROISIÈME BRANCHE

DES MOREL DE BOUCLE-SAINT-DENIS (EXISTANTE.)

XVI. Josse MOREL, écuyer, fils puîné de Charles-François MOREL DE TANGRY et d'Anna DE PANDELAER, naquit le 17 octobre 1661, et prit alliance avec Adrienne DEVENYNS, ou DE VENYNS dont il eut :

 1º Gilles-Emmanuel, qui suit ;
 2º Alphonse-Louis MOREL, qui a laissé postérité.

XVII. Gilles-Emmanuel MOREL, écuyer, né à Gand, le 12 mars 1688, épousa à Courtray, le 4 juin 1713, Anne-Thérèse POLLET, fille de Pierre POLLET et d'Anne VAN DEN BERGHE. Il mourut à Gand, le 26 janvier 1742, laissant les trois enfants, ci-après :

 1º Josse-François-Joseph, qui suit ;
 2º Jean-Adrien-Léonard MOREL, écuyer, né le 18 décembre 1716, fut surnommé le *prince* MOREL, à cause de son faste. Il mourut subitement à sa maison de campague de Heusden, près Gand, au mois de juillet 1774 ;
 3º Barbe-Thérèse-Louise MOREL, née le 23 avril 1720, fut mariée, le 4 août 1739, à Jean-Norbert-Martin HUYTTENS, fils de Jean-Norbert HUYTTENS et de Françoise-Pétronille DE VILLAERS.

XVIII. Josse-François-Joseph Morel, né à Gand, le 11 avril 1714, épousa, dans cette ville, le 30 mai 1737, Thérèse-Jossine de Potter, fille de François-Pasquier de Potter et de Marie-Jeanne Goethals.

Il est mort le 5 mars 1797, ayant eu de son union douze enfants :

    1° François-Josse-Adrien Morel, écuyer, né le 30 mai 1738, mort sans alliance ;

    2° Égide-Emmanuel Morel, écuyer, né le 27 avril 1740, également décédé sans alliance à Cadix, le 21 avril 1798 ;

    3° Jean-Bernard-Josse, qui suit;

    4° Charles-Léonard Morel, écuyer, né le 12 octobre 1750, célibataire ;

    5° Louis-Josse Morel, écuyer, né le 3 janvier 1752, mort le 25 mai 1781 ;

    6° Philippe Morel, écuyer, mort en bas âge ;

    7° Anne-Philippine-Thérèse Morel, née le 31 octobre 1741, fut mariée à Gand, le 14 janvier 1768, à Guillaume-Joseph-Aloys Goethals, né le 6 mars 1740, fils de Guillaume-Josse-François Goethals et de Jeanne-Thérèse Leuwers ;

    8° Marie-Jeanne-Thérèse Morel, née le 16 février 1743 ;

    9° Thérèse-Jeanne-Colette Morel, née le 7 mai 1744, s'unit à Gand, le 2 mai 1800, avec Pierre-Jean Surmont, seigneur de Volsberghe, veuf de Marie-Anne-Catherine Boge ;

    10° Marie-Barbe-Louise Morel, née le 7 février 1740 ; morte sans enfants, le 18 novembre 1783, de son mariage avec Josse-Charles Goethals;

    11° Catherine-Joséphine Morel, née le 18 mars 1749, morte en bas âge ;

    12° Isabelle-Thérèse Morel, née le 29 septembre 1753, morte à Gand, le 14 janvier 1827.

XIX. Jean-Bernard-Josse Morel, écuyer, seigneur de Boucle-Saint-Denis, né le 7 juin 1747, secrétaire aux parchons de Gand, en 1777, conseiller assesseur du mont-de-piété, fut reconnu dans ses droits nobiliaires par déclaration solennelle de la chambre héraldique des Pays-Bas, en date du 14 juin 1791. A cette occasion, il prouva, par titres originaux, sa filiation jusqu'à Jean Morel (XIIᵉ degré), marié à N. de Bernemicourt, et justifia que les armes de sa branche avaient toujours été celles de ses aînés les Morel de Tangry, c'est-à-dire : *d'argent, à la fasce vivrée de sable.*

Il avait épousé, le 13 mai 1774, Cornélie-Thérèse-Madeleine Van Melle, fille unique de François Van Melle, seigneur de Boucle-Saint-Denis, Buyssère, etc., et de Thérèse de Pauw, dont il a eu six enfants :

    1° Jean-Louis-Pierre-Joseph Morel de Boucle, né le 10 juillet 1781, mort à Gand, sans alliance, le 7 août 1846 ;

    2° Henry-Charles-Joseph, qui suit;

    3° Thérèse-Françoise-Colette Morel de Boucle, née le 9 août 1776, épousa

à Gand, le 10 août 1796, Emmanuel-Joseph-Ghislain Maelcamp de
Theux ;
4° Marie-Jossine-Colette Morel de Boucle, née le 15 juillet 1777 ;
5° Caroline-Isabelle-Jeanne Morel de Boucle, née le 25 août 1778 ;
6° Julie-Colette-Françoise Morel de Boucle, née le 6 octobre 1779, épousa
Edmond Vauthier ;

XX. Henri-Charles-Joseph Morel de Boucle, né le 5 mai 1784, prit alliance
avec Suzanne-Caroline Poelman et mourut le 16 janvier 1847, laissant postérité.

www.ingramcontent.com/pod-product-compliance
Lightning Source LLC
Chambersburg PA
CBHW061819060726

47597CB00008B/3273